따라쓰기 쉬운

바른

글씨체

쓰기

초등 1학년

지원출판

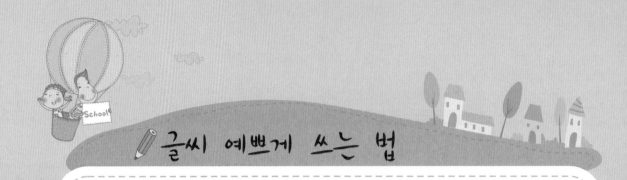

글씨 예쁘게 쓰는 법

바른 자세는 예쁜 글씨의 기본조건입니다. 같은 사람이라도 필기구 잡는 법을 바꾸면 글씨체가 바뀝니다.

필기구를 제대로 잡아야 손놀림이 자유롭고 힘이 많이 들어가지 않으며 글씨체도 부드러워집니다. 또 오른손이 필기구를 잡는다면 왼손은 항상 종이 위쪽에 둬야 몸 자세가 비뚤어지지 않습니다.

글씨 연습의 원칙 중엔 '크게 배워서 작게 쓰라'도 있습니다. 처음부터 작게 연습을 하면 크게 쓸 때 글씨체가 흐트러지기 쉽기 때문입니다. 글씨 연습의 첫 출발은 선 긋기입니다. 선 긋기만 1주일에서 열흘 정도 연습해야 합니다. 글씨의 기둥 역할을 하는 'ㅣ'는 쓰기 시작할 때 힘을 주고 점차 힘을 빼면서 살짝 퉁기는 기분으로 빠르게 내려긋습니다. 'ㅡ'는 처음부터 끝까지 일정한 힘을 줘 긋습니다.

선 긋기 연습이 끝나면 'ㄱ' 'ㄴ' 'ㅅ' 'ㅇ'을 연습합니다. 'ㄱ'과 'ㄴ'은 꺾이는 부분을 직각으로 하지 말고 살짝 굴려줘야 글씨를 부드럽게 빨리 쓸 수 있습니다. 'ㅇ'은 크게 쓰는 것이 중요합니다. 'ㅇ'은 글자의 얼굴격이기 때문입니다. 작게 쓰면 백발백중 글씨가 지저분하게 보입니다.

다음엔 자음·모음 배열법입니다. 글자 모양을 '◁' '△' '◇' 'ㅁ' 안에 집어넣는다고 생각하고 씁니다. 예를 들어 '서' '상' 등은 '◁' 모양, '읽'은 'ㅁ' 모양에 맞춰 쓰는 식입니다. 글씨를 이어 쓸 때는 옆 글자와 키를 맞춰줘야 합니다. 키가 안 맞으면 보기 흉합니다. 글씨를 빨리 쓸 때는 글자에 약간 경사를 주면 됩니다. 이때는 가로획만 살짝 오른쪽 위로 올리고, 세로획은 똑바로 내려긋습니다.

예

이책의 구성과 특징

❶ 글씨 쓰기는 집중력과 두뇌 발달에 도움을 줍니다.

❷ 흐린 글씨를 따라 쓰고 빈칸에 맞추어 쓰다 보면
   한글 자형의 구조를 알 수 있습니다.

❸ 글씨쓰기의 모든 칸을 원고지로 구성하여 바르고 고른 글씨
   를 연습하는데 좋습니다.

❹ 원고지 사용법을 기록하여 대화글 쓰는데 도움이 됩니다.
   예 ? (물음표) – 묻는 문장 끝에 씁니다.

❺ 단원 끝나는 부분에 틀리기 쉬운 글자를 한번 더 복습하여
   낱말의 정확성을 키워 줍니다.

School
Life

1. 배우는 기쁨

1. 배우는 기쁨

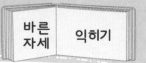

 바르게 앉아 글씨를 쓰고 있는 친구에게 ○표 해 보아요.

 글씨를 쓸 때의 올바른 자세에 대해 알아보아요.

고개를 조금만
숙입니다.

글씨를 쓰지 않는
손으로 공책을
살짝 눌러 줍니다.

허리를 곧게
폅니다.

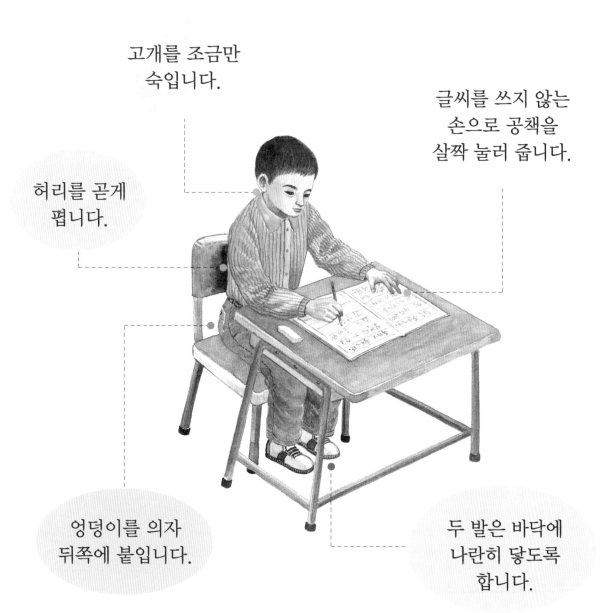

엉덩이를 의자
뒤쪽에 붙입니다.

두 발은 바닥에
나란히 닿도록
합니다.

7

I. 배우는 기쁨

자세 익히기

 연필을 바르게 잡고있는 그림을 찾아 ○표 해 보아요.

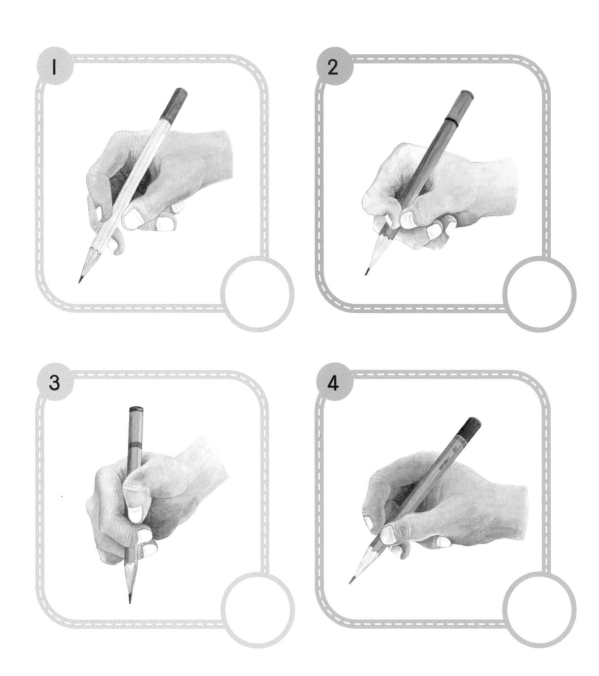

 연필을 바르게 잡는 방법을 알아보아요.

엄지손가락과 집게손가락의 모양을 둥글게 하여 연필을 잡습니다.

연필을 잡을 때에 너무 힘을 주면 안 돼요.

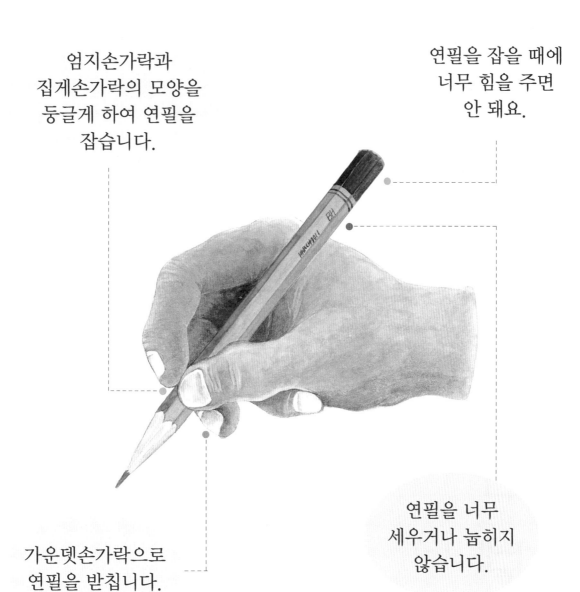

가운뎃손가락으로 연필을 받칩니다.

연필을 너무 세우거나 눕히지 않습니다.

자음 | 익히기

 순서에 맞게 차례에 맞춰 한자씩 천천히 쓰면서 자음을
익혀 보아요.

10

I. 배우는 기쁨

모음 익히기

ㅏ ㅏ ㅏ ㅏ ㅏ ㅏ ㅏ

ㅑ ㅑ ㅑ ㅑ ㅑ ㅑ ㅑ

ㅓ ㅓ ㅓ ㅓ ㅓ ㅓ ㅓ

ㅕ ㅕ ㅕ ㅕ ㅕ ㅕ ㅕ

ㅗ ㅗ ㅗ ㅗ ㅗ ㅗ ㅗ

ㅛ ㅛ ㅛ ㅛ ㅛ ㅛ ㅛ

ㅜ ㅜ ㅜ ㅜ ㅜ ㅜ ㅜ

ㅠ ㅠ ㅠ ㅠ ㅠ ㅠ ㅠ

ㅡ ㅡ ㅡ ㅡ ㅡ ㅡ ㅡ

ㅣ ㅣ ㅣ ㅣ ㅣ ㅣ ㅣ

🔍 자음과 모음을 기억하며 천천히 써 보아요.

	ㅏ	ㅓ	ㅗ	ㅜ	ㅡ	ㅣ
ㄱ	가	거	고	구	그	기
ㄴ	나	너	노	누	느	니
ㄷ	다	더	도	두	드	디
ㄹ	라	러	로	루	르	리
ㅁ	마	머	모	무	므	미
ㅂ	바	버	보	부	브	비
ㅅ	사	서	소	수	스	시

I. 배우는 기쁨

 자음과 모음을 기억하며 천천히 써 보아요.

	ㅏ	ㅓ	ㅗ	ㅜ	ㅡ	ㅣ
ㅇ	아	어	오	우	으	이
ㅈ	자	저	조	주	즈	지
ㅊ	차	처	초	추	츠	치
ㅋ	카	커	코	쿠	크	키
ㅌ	타	터	토	투	트	티
ㅍ	파	퍼	포	푸	프	피
ㅎ	하	허	호	후	흐	히

 자음과 모음이 만나서 만들어진 글자를 써 보아요.

아 버 지   아 버 지
아 버 지   아 버 지

어 머 니   어 머 니
어 머 니   어 머 니

아 기   아 기 아 기
아 기   아 기 아 기

ㅏ   ㅏ   ㅏ   ㅏ
ㅏ   ㅏ   ㅏ   ㅏ

I. 배우는 기쁨

글씨체 **초등 ①**

 연필을 바르게 잡고 다음 낱말을 따라 써 보아요.

친 구   친 구 친 구
친 구   친 구 친 구

즐 거 운   즐 거 운
즐 거 운   즐 거 운

모 두   모 두 모 두
모 두   모 두 모 두

하 나   하 나 하 나
하 나   하 나 하 나

16

우리가 자주 쓰는 글씨를 써 보아요.

 가족을 부르는 말을 읽고 따라 써 보아요.

부 모 님 　부 모 님
부 모 님 　부 모 님

형　형　형　형
형　형　형　형

누 나 　누 나 누 나
누 나 　누 나 누 나

동 생 　동 생 동 생
동 생 　동 생 동 생

I. 배우는 기쁨

 연필을 바르게 잡고 다음 낱말을 따라 써 보아요.

나 비 　나 비 나 비
나 비 　나 비 나 비

사 자 　사 자 사 자
사 자 　사 자 사 자

타 조 　타 조 타 조
타 조 　타 조 타 조

토 끼 　토 끼 토 끼
토 끼 　토 끼 토 끼

응용편

우리가 자주 쓰는 글씨를 써 보아요.

 꽃의 이름을 읽고 따라 써 보아요.

장미　　장미　장미
　　　　장미　장미

무궁화　　　무궁화
무궁화　　　무궁화

나팔꽃　　나팔꽃
나팔꽃　　나팔꽃

국화　국화　국화
국화　　국화　국화

 "리" 자로 끝나는 말을 따라 써 보아요.

개 나 리 　개 나 리
개 나 리 　개 나 리

병 아 리 　병 아 리
병 아 리 　병 아 리

잠 자 리 　잠 자 리
잠 자 리 　잠 자 리

오 리 　오 리 오 리
오 리 　오 리 오 리

 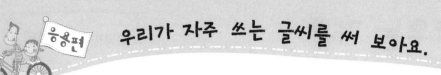

 인사말을 따라 써 보아요.

 고마워 　고마워
고마워 　고마워

 미안해 　미안해
미안해 　미안해

 반가워 　반가워
반가워 　반가워

 괜찮아 　괜찮아
괜찮아 　괜찮아

21

I. 배우는 기쁨

 연필을 바르게 잡고 다음 문장을 따라 써 보아요.

비   오는   날이에요

비   오는   날이에요

비   오는   날이에요

지렁이가   나와요.

지렁이가   나와요.

지렁이가   나와요.

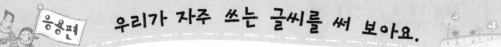
 꾸며 주는 말을 따라 써 보아요.

구불구불 시골길

구불구불 시골길

구불구불 시골길

엉금엉금 거북이

엉금엉금 거북이

엉금엉금 거북이

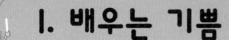 **I. 배우는 기쁨**

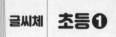

다음 그림을 보고 맞는 단어를 써 보아요.

운 동 장　운 동 장
운 동 장　운 동 장

나 무　나 무 나 무
나 무　나 무 나 무

축 구 공　축 구 공
축 구 공　축 구 공

태 극 기　태 극 기
태 극 기　태 극 기

 다음 그림을 보고 맞는 단어를 써 보아요.

철 봉   철 봉 철 봉
철 봉   철 봉 철 봉

계 단   계 단 계 단
계 단   계 단 계 단

우 산   우 산 우 산
우 산   우 산 우 산

나 귀   나 귀 나 귀
나 귀   나 귀 나 귀

 틀린 글자예요. 바르게 고쳐 써 보아요.

칭구 내 칭구	친 구 　 내 　 친 구 친 구 　 내 　 친 구

우리 성생님	우 리 　 선 생 님 우 리 　 선 생 님

즐거운 하꼬	즐 거 운 　 학 교 즐 거 운 　 학 교

햇님이	해 님 이 　 해 님 이 해 님 이 　 해 님 이

2. 이렇게 생각해요

'나무' 동시입니다. 따라 써 보아요.

나 무	무 슨	나 무

가 자	가 자	감 나 무

배 가	아 파	배 나 무

바 람	솔 솔	소 나 무

 꾸며 주는 말을 따라 써 보아요.

달콤새콤한　노란귤

달콤새콤한　노란귤

달콤새콤한　노란귤

맛있는　빨간　사과

맛있는　빨간　사과

맛있는　빨간　사과

2. 이렇게 생각해요

글씨체 초등❶

 연필을 바르게 잡고 다음 낱말을 따라 써 보아요.

휴지　휴지 휴지
휴지　휴지 휴지

다리　다리 다리
다리　다리 다리

차표　차표 차표
차표　차표 차표

포도　포도 포도
포도　포도 포도

우리가 자주 쓰는 글씨를 써 보아요.

 의성어(소리 흉내 말)를 따라 써 보아요.

자동차는　뛰뛰빵빵

자동차는　뛰뛰빵빵
자동차는　뛰뛰빵빵

딩동딩동　초인종

딩동딩동　초인종
딩동딩동　초인종

글씨체 초등❶

 연필을 바르게 잡고 다음 문장을 따라 써 보아요.

별 나 라 에　누 가　사

는 지　궁 금 합 니 다 .

 의성어(소리 흉내 말)를 따라 써 보아요.

시냇물은 졸졸졸
시냇물은 졸졸졸
시냇물은 졸졸졸

지지배배 종달새
지지배배 종달새
지지배배 종달새

33

 다음 글자 노래를 따라 써 보아요.

가 갸　가 다 가

가 갸　가 다 가

거 겨　거 랑 에

거 겨　거 랑 에

고 교　고 기　잡 아

고 교　고 기　잡 아

구 규　국　끓 여 서

구 규　국　끓 여 서

 의성어(소리 흉내 말)를 따라 써 보아요.

야옹야옹 고양이

야옹야옹 고양이

야옹야옹 고양이

삐악삐악 병아리

삐악삐악 병아리

삐악삐악 병아리

2. 이렇게 생각해요

글씨체 **초등❶**

 연필을 바르게 잡고 다음 낱말을 따라 써 보아요.

나 냐	나 하 고

너 녀	너 하 고

노 뇨	노 나	먹 자

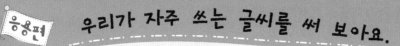

 의성어(소리 흉내 말)를 따라 써 보아요.

삐뽀삐뽀　구급차

삐뽀삐뽀　구급차
삐뽀삐뽀　구급차

아기가　응애응애

아기가　응애응애
아기가　응애응애

2. 이렇게 생각해요

글씨체 **초등❶**

 'ㄱ'부터 'ㅎ'까지 자음자를 순서대로 써 보아요.

ㄱ	ㄴ	ㄷ	ㄹ	ㅁ	ㅂ	ㅅ	ㅇ	ㅈ	ㅊ
ㄱ	ㄴ	ㄷ	ㄹ	ㅁ	ㅂ	ㅅ	ㅇ	ㅈ	ㅊ
ㅋ	ㅌ	ㅍ	ㅎ						
ㅋ	ㅌ	ㅍ	ㅎ						

'ㅏ'부터 'ㅣ'까지 모음자를 순서대로 써 보아요.

ㅏ	ㅑ	ㅓ	ㅕ	ㅗ	ㅛ	ㅜ	ㅠ	ㅡ	ㅣ
ㅏ	ㅑ	ㅓ	ㅕ	ㅗ	ㅛ	ㅜ	ㅠ	ㅡ	ㅣ

38

 다음 그림을 보고 맞는 단어를 써 보아요.

도 장   도 장 도 장
도 장   도 장 도 장

사 과   사 과 사 과
사 과   사 과 사 과

모 과   모 과 모 과
모 과   모 과 모 과

미 술   미 술 미 술
미 술   미 술 미 술

틀린 글자예요. 바르게 고쳐 써 보아요.

소푼	소풍 소풍소풍
음씩	음식 음식음식
아프로	앞으로 앞으로
전하 번호	전화번호

3. 마음을 나누며

 문장 부호를 생각하며 이름과 쓰임을 알아 보아요.

.(온점)은 문장끝에 쓰며 반점보다 조금 길게 띄어 읽어요.
.(온점)뒤에는 ∨∨(겹쐐기표)를 하고 ∨(쐐기표)보다 조금 더 쉬어 읽어요.

친구가 되었어.∨∨

친구가 되었어.∨∨

친구가 되었어.∨∨

이름은 초롱이야.∨∨

이름은 초롱이야.∨∨

이름은 초롱이야.∨∨

42

응용편 우리가 자주 쓰는 글씨를 써 보아요.

문장 부호를 생각하며 이름과 쓰임을 알아 보아요.

,(반점)은 부르는 말 뒤에 씁니다.
,(반점)뒤에는 ∨(쐐기표)를 하고 조금 쉬어 읽어요.

유진아,∨ 반가워.∨

사랑하는 은정아,∨

43

 문장 부호를 생각하며 이름과 쓰임을 알아 보아요.

> ! !(느낌표)는 느낌을 나타내는 문장 끝에 씁니다.
> !(느낌표) 뒤에는 ∨∨(겹쐐기표)를 하고 ∨(쐐기표)보다 조금 더 쉬어 읽어요.

고 마 워 ! ∨∨ 고 마 워 !
고 마 워 ! ∨∨ 고 마 워 !
고 마 워 ! ∨∨ 고 마 워 !

예 쁘 다 ! ∨∨ 예 쁘 다 !
예 쁘 다 ! ∨∨ 예 쁘 다 !
예 쁘 다 ! ∨∨ 예 쁘 다 !

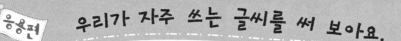

우리가 자주 쓰는 글씨를 써 보아요.

 문장 부호를 생각하며 이름과 쓰임을 알아 보아요.

> **?**
> ?(물음표)는 묻는 문장 끝에 씁니다.
> ?(물음표) 뒤에는 ⋁(겹쐐기표)를 하고 ⋁(쐐기표)보다 조금 더 쉬
> 어 읽어요.

하늘아 안녕? ⋁

기분이 어떠니? ⋁

45

글씨체　초등❶

 문장 부호가 들어간 문장을 써 보아요.

강아지　이름을　초

강아지　이름을　초

강아지　이름을　초

롱이라　지었구나.

롱이라　지었구나.

롱이라　지었구나.

46

 문장 부호에 주의하며 따라 써 보아요.

어머니, 아버지.

어머니, 아버지.

어머니, 아버지.

항상 건강하세요.

항상 건강하세요.

항상 건강하세요.

47

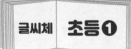

 문장 부호가 들어간 문장을 써 보아요.

어느날, 호랑이가

어느날, 호랑이가

어느날, 호랑이가

덤벼들려고 해요.

덤벼들려고 해요.

덤벼들려고 해요.

 문장 부호에 주의하며 따라 써 보아요.

사 랑 하 는　선 생 님 ,

정 말　감 사 합 니 다 .

3. 마음을 나누며

글씨체 **초등❶**

 문장 부호가 들어간 문장을 써 보아요.

호랑이가　나타나자,

누렁소　세　마리는

어떻게　하였나요?

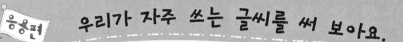

 문장 부호에 주의하며 따라 써 보아요.

친 구 야 ,　5 월　　9 일

은　　내　　생 일 이 야 !

51

3. 마음을 나누며

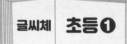
글씨체 초등❶

 문장 부호가 들어간 문장을 써 보아요.

슬기가　메뚜기를

잡으러　만복이와　함

께　사이좋게　가요.

 문장 부호에 주의하며 따라 써 보아요.

앞 으 로   더 욱   열 심

앞 으 로   더 욱   열 심

앞 으 로   더 욱   열 심

히   공 부 하 겠 습 니 다 .

히   공 부 하 겠 습 니 다 .

히   공 부 하 겠 습 니 다 .

3. 마음을 나누며

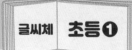

 문장 부호가 들어간 문장을 써 보아요.

민수야, 축하해 !

흥, 축하한다 !

문장 부호에 주의하며 따라 써 보아요.

연 수 야 , 어 디 가 ?

연 수 야 , 어 디 가 ?

연 수 야 , 어 디 가 ?

응 , 심 부 름   가 !

응 , 심 부 름   가 !

응 , 심 부 름   가 !

3. 마음을 나누며

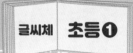

글씨체 초등❶

 문장 부호가 들어간 문장을 써 보아요.

만복이 어깨 위에

만복이 어깨 위에

만복이 어깨 위에

메뚜기가 앉아요.

메뚜기가 앉아요.

메뚜기가 앉아요.

문장 부호에 주의하며 따라 써 보아요.

주사위를 준비하고

주사위를 준비하고

주사위를 준비하고

편을 나눕니다.

편을 나눕니다.

편을 나눕니다.

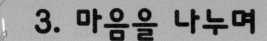

3. 마음을 나누며

글씨체 | 초등 ❶

 다음 그림을 보고 맞는 단어를 써 보아요.

대 추　　대 추 대 추
대 추　　대 추 대 추

수 박　　수 박 수 박
수 박　　수 박 수 박

참 외　　참 외 참 외
참 외　　참 외 참 외

복 숭 아　　복 숭 아
복 숭 아　　복 숭 아

 다음 그림을 보고 맞는 단어를 써 보아요.

 줄 넘 기   줄 넘 기
            줄 넘 기   줄 넘 기

 그 네   그 네 그 네
          그 네   그 네 그 네

 곡 식   곡 식 곡 식
          곡 식   곡 식 곡 식

 마 을   마 을 마 을
          마 을   마 을 마 을

3 마음을 나누며

 글씨체 초등❶

 틀린 글자예요. 바르게 고쳐 써 보아요.

| 연날 | 옛날　옛날옛날 |

| 뿌려 쓴니다 | 뿌렸습니다 |

| 누러케 | 누렇게　누렇게 |

| 조아 해쓴니다 | 좋아했습니다 |

60

4. 아, 재미있구나!

 반복되는 느낌을 생각하며 따라 써 보아요.

송알송알   은구슬

송알송알   은구슬

조롱조롱   옥구슬

조롱조롱   옥구슬

대롱대롱   총총

대롱대롱   총총

꽃잎마다   송송송

꽃잎마다   송송송

 의태어(모양을 흉내내는 말)를 생각하며 따라 써 보아요.

엉금엉금 거북이

엉금엉금 거북이

엉금엉금 거북이

깡총깡총 토끼

깡총깡총 토끼

깡총깡총 토끼

63

4. 아, 재미있구나!

글씨체 | 초등❶

 반복되는 느낌을 생각하며 따라 써 보아요.

재잘대며　타박타박

재잘대며　타박타박

앙감질로　깡충깡충

앙감질로　깡충깡충

깔깔대며　배틀배틀

깔깔대며　배틀배틀

64

우리가 자주 쓰는 글씨를 써 보아요.

 의태어(모양을 흉내내는 말)를 생각하며 따라 써 보아요.

뭉게뭉게 뭉게구름

뭉게뭉게 뭉게구름

뭉게뭉게 뭉게구름

나풀나풀 노랑나비

나풀나풀 노랑나비

나풀나풀 노랑나비

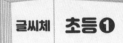
 반복되는 느낌을 생각하며 따라 써 보아요.

신규야 부르면

신규야 부르면

코부터 발름발름

코부터 발름발름

눈부터 생글생글

눈부터 생글생글

대답하지요.

대답하지요.

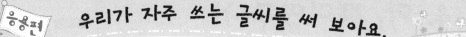

 의태어(모양을 흉내내는 말)를 생각하며 따라 써 보아요.

둥실둥실　통통배

둥실둥실　통통배
둥실둥실　통통배

보슬보슬　보슬비

보슬보슬　보슬비
보슬보슬　보슬비

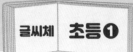
 반복되는 낱말을 익혀 보아요.

영차영차 개미는 힘이 세.

영 차 영 차 영 차 영 차
영 차 영 차 영 차 영 차
영 차 영 차 영 차 영 차

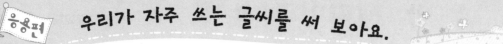

 반복되는 낱말을 익혀 보아요.

똑딱똑딱 우리집 시계소리

똑 딱 똑 딱　　똑 딱 똑 딱

똑 딱 똑 딱　　똑 딱 똑 딱

똑 딱 똑 딱　　똑 딱 똑 딱

4. 아, 재미있구나!

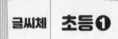

글씨체 초등❶

 7가지 무지개 색을 따라 써 보아요.

빨강 빨강

주황 주황

노랑 노랑

초록 초록

파랑 파랑

남색 남색

보라 보라

 무지개 색을 보고 떠오르는 과일을 써 보아요.

딸기 딸기

당근 당근

참외 참외

새싹 새싹

하늘 하늘

바다 바다

포도 포도

글씨체 **초등 ❶**

 틀린 글자예요. 바르게 고쳐 써 보아요.

꼰임마다 송송	꽃잎마다 송송

안감질	앙감질 앙감질

갠차나	괜찮아 괜찮아

타조는 몬날아	타조는 못날아

5. 생각을 펼쳐요

5. 생각을 펼쳐요

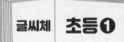
글씨체 초등❶

 건우의 일기입니다. 문장을 따라 써 보아요.

숙 제 를　하 려 고　일

숙 제 를　하 려 고　일

숙 제 를　하 려 고　일

기 책 을　찾 았 다 .

기 책 을　찾 았 다 .

기 책 을　찾 았 다 .

문장을 읽고 따라 써 보아요.

아 버 지 께　　하 고　　싶

아 버 지 께　　하 고　　싶

아 버 지 께　　하 고　　싶

은　　말 은　　무 엇 인 가 요

은　　말 은　　무 엇 인 가 요

은　　말 은　　무 엇 인 가 요

 건우의 일기입니다. 문장을 따라 써 보아요.

제 자 리 에　두 지 않 아

제 자 리 에　두 지 않 아

제 자 리 에　두 지 않 아

찾 는 게　어 려 웠 다.

찾 는 게　어 려 웠 다.

찾 는 게　어 려 웠 다.

문장을 읽고 따라 써 보아요.

싫 어 , 싫 어 , 나 는

동 물 원 에   갈   거 야 .

 예진이에게 있었던 일을 생각하며 따라 써 보아요.

귀 엽 고   깜 찍 한   토

귀 엽 고   깜 찍 한   토

귀 엽 고   깜 찍 한   토

끼   모 양 이 었 습 니 다 .

끼   모 양 이 었 습 니 다 .

끼   모 양 이 었 습 니 다 .

78

문장을 읽고 따라 써 보아요.

나 에 게   지 우 개 를

나 에 게   지 우 개 를

나 에 게   지 우 개 를

빌 려   준   적 도   있 어.

빌 려   준   적 도   있 어.

빌 려   준   적 도   있 어.

5. 생각을 펼쳐요

글씨체 **초등❶**

 예진이에게 있었던 일을 생각하며 따라 써 보아요.

저 도   토 끼   지 우 개

저 도   토 끼   지 우 개

저 도   토 끼   지 우 개

하 나   사 주 세 요.

하 나   사 주 세 요.

하 나   사 주 세 요.

문장을 읽고 따라 써 보아요.

나는 동생에게 이

나는 동생에게 이

나는 동생에게 이

렇게 말하고 싶어.

렇게 말하고 싶어.

렇게 말하고 싶어.

 예진이에게 있었던 일을 생각하며 따라 써 보아요.

짝과   토끼   놀이도

짝과   토끼   놀이도

짝과   토끼   놀이도

할   수   있는걸요.

할   수   있는걸요.

할   수   있는걸요.

문장을 읽고 따라 써 보아요.

항 아 리 에　담 고　싶

은　물 건　세　가 지

 다음 이야기를 통해 문장을 생각하며 따라 써 보아요.

우리　반에는　보물

우리　반에는　보물

이　하나　있습니다.

이　하나　있습니다.

　　'다시　쓰는　보물

　　'다시　쓰는　보물

상자'입니다.

상자'입니다.

84

문장을 읽고 따라 써 보아요.

그렇게 말한 까닭

그렇게 말한 까닭

그렇게 말한 까닭

도 말하여 봅시다.

도 말하여 봅시다.

도 말하여 봅시다.

5. 생각을 펼쳐요

글씨체 초등❶

 상상의 나라로 떠나요

내 가   치 타 처 럼   빨

내 가   치 타 처 럼   빨

내 가   치 타 처 럼   빨

리   달 릴   수   있 다 면

리   달 릴   수   있 다 면

리   달 릴   수   있 다 면

 상상의 나라로 떠나요

무엇을 할   것인지

무엇을 할   것인지

무엇을 할   것인지

상상하여 봅시다.

상상하여 봅시다.

상상하여 봅시다.

 틀린 글자예요. 바르게 고쳐 써 보아요.

채글 읽다가	책을 읽다가
	책 을 읽 다 가

꼭 갖고 시퍼요	싶어요 싶어요
	싶 어 요 싶 어 요

먹는 습가니	먹는 습관이
	먹 는 습 관 이

활짝 우수며	활짝 웃으며
	활 짝 웃 으 며

6. 느낌이 솔솔

6. 느낌이 솔솔

글씨체 | 초등 ❶

 다음 이야기를 생각하며 문장을 써 보아요.

옛	날		옛	적	에		신	기
옛	날		옛	적	에		신	기

한		맷	돌	이		있	었	다	.
한		맷	돌	이		있	었	다	.

도	둑	이		맷	돌	을		훔
도	둑	이		맷	돌	을		훔

쳐		갔	습	니	다	.		
쳐		갔	습	니	다	.		

90

문장을 읽고 따라 써 보아요.

동물들이 어떻게

움직이고 있나요?

6. 느낌이 솔솔

 다음 이야기를 생각하며 문장을 써 보아요.

바다에 가라앉은

맷돌은 쉬지 않고

계속 돌았습니다.

 소리를 흉내내는 말입니다. 읽고 따라 써 보아요.

뽀글뽀글 뽀글뽀글
뽀글뽀글 뽀글뽀글
뽀글뽀글 뽀글뽀글

데굴데굴 데굴데굴
데굴데굴 데굴데굴
데굴데굴 데굴데굴

6. 느낌이 솔솔

글씨체 | 초등 ❶

 다음 이야기를 생각하며 문장을 써 보아요.

도라지의   어머니는

도라지의   어머니는

3년   전에   병으로

3년   전에   병으로

돌아가셨어요.

돌아가셨어요.

94

흉내내는 말입니다. 읽고 따라 써 보아요.

폴짝폴짝

개굴개굴

6. 느낌이 솔솔

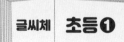

 다음 이야기를 생각하며 문장을 써 보아요.

"어린 너를 어찌

보낸단 말이냐?"

움직임을 흉내내는 말입니다. 읽고 따라 써 보아요.

나뭇잎을 타고 주

르르 내려왔습니다.

6. 느낌이 솔솔

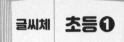

 세 친구에게 어떤 버릇이 있는지 써 보아요.

옛날, 어느 마을에

박박이   박박이

코흘리개   코흘리개

눈첩첩이   눈첩첩이

흉내내는 말입니다. 읽고 따라 써 보아요.

따 당 따 당 　 사 냥 꾼

따 당 따 당 　 사 냥 꾼

따 당 따 당 　 사 냥 꾼

하 나 둘 셋 넷 　 소 리

하 나 둘 셋 넷 　 소 라

하 나 둘 셋 넷 　 소 라

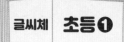

 다음 이야기를 생각하며 문장을 써 보아요.

떡시루에서 김이

모락모락 올라와요.

호랑이는 떡을 혼

자 먹고 싶습니다.

흉내내는 말입니다. 읽고 따라 써 보아요.

뒤뚱뒤뚱　뒤뚱뒤뚱

야옹야옹　야옹야옹

6. 느낌이 솔솔

 다음 이야기를 생각하며 문장을 써 보아요.

떡 시 루 는 산   아 래

로 굴 러 갔 습 니 다 .

  배 꼽 을 쥐 고   ' 깔

깔 깔 ' 웃 었 습 니 다 .

다음 문장을 읽고 따라 써 보아요.

세   가지만   가지고

세   가지만   가지고

세   가지만   가지고

갈   수   있습니다.

갈   수   있습니다.

갈   수   있습니다.

'수박씨' 시를 읽고 따라 써 보아요.

아 함

동생이 하품 한다

입안이

빨갛게 익은 수박

속 같다

충치는 까맣게 잘

익은 수박씨

'방귀' 시를 읽고 따라 써 보아요.

아	빠		방	귀		우	르	르
콩		천	둥		방	귀		
엄	마		방	귀		가	르	르
광		고	양	이		방	귀	
내		방	귀		삘	리	리	리
피	리		방	귀				

6. 느낌이 솔솔

틀린 글자예요. 바르게 고쳐 써 보아요.

매똘을	맷돌을 맷돌을
	맷돌을 맷돌을

소금이 소다져	쏟아져 쏟아져
	쏟아져 쏟아져

가라안꼬	가라앉고
	가라앉고

비즐 갚기 위해	빚을 갚기
	빚을 갚기

106

틀린 글자예요. 바르게 고쳐 써 보아요.

머리를 극쩍이는	긁적이는	긁적이는

무더블 찾아갔다	무덤을	무덤을
	무덤을	무덤을

마딘는 냄새가	맛있는	맛있는
	맛있는	맛있는

어떠케 하는데	어떻게	어떻게
	어떻게	어떻게

단원별 받아쓰기장

1 배우는 기쁨

1. 아버지
2. 어머니
3. 아기
4. 나
5. 친구
6. 즐거운
7. 모두
8. 하나
9. 부모님
10. 형

1. 누나
2. 동생
3. 나비
4. 사자
5. 타조
6. 토끼
7. 장미
8. 무궁화
9. 나팔꽃
10. 국화

1. 개나리
2. 병아리
3. 잠자리
4. 오리
5. 고마워
6. 미안해
7. 반가워
8. 괜찮아
9. 비 오는 날이에요
10. 지렁이가 나와요

1. 나귀
2. 나무
3. 운동장
4. 축구공
5. 태극기
6. 철봉
7. 계단
8. 우산
9. 구불구불 시골길
10. 엉금엉금 거북이

2 이렇게 생각해요

1. 나무 무슨 나무
2. 가자 가자 감나무
3. 배가 아파 배나무
4. 바람 솔솔 소나무
5. 달콤새콤한 노란귤
6. 맛있는 빨간 사과
7. 휴지
8. 다리
9. 차표
10. 포도

1. 자동차는 뛰뛰빵빵
2. 딩동딩동 초인종
3. 별나라에 누가 사는지
   궁금합니다.
4. 시냇물은 졸졸졸
5. 지지배배 종달새
6. 가갸 가댜가
7. 거겨 거량에
8. 고교 고기 잡아
9. 구규 국 끓여서
10. 야옹야옹 고양이

1. 삐악삐악 병아리
2. 나냐 나하고
3. 너녀 너하고
4. 노뇨 노나 먹자
5. 삐뽀삐뽀 구급차
6. 아기가 응애응애
7. 도장
8. 사과
9. 모과
10. 미술

1. 소풍
2. 음식
3. 앞으로
4. 전화번호
5. 얼굴표정
6. 기뻐요
7. 부끄러워요
8. 지루해요
9. 슬퍼요
10. 화나요

단원별 받아쓰기장

③ 마음을 나누며

1. 친구가 되었어
2. 이름은 초롱이야
3. 유진아 반가워
4. 전화번호
5. 사랑하는 은정아
6. 고마워
7. 예쁘다
8. 하늘아 안녕
9. 기분이 어떠니
10. 강아지 이름을 초롱이라
    지었구나

1. 어머니 아버지
2. 항상 건강하세요
3. 어느날
4. 호랑이
5. 덤벼들려고 해요
6. 사랑하는 선생님
7. 정말 감사합니다
8. 호랑이가 나타나자
9. 누렁소 세 마리
10. 어떻게 하였나요

1. 친구야
2. 5월 9일
3. 내 생일이야
4. 슬기가 메뚜기를 잡아요
5. 만복이와 함께 사이좋게 가요
6. 앞으로 더욱 열심히 공부하겠
   습니다
7. 민수야 축하해
8. 흥 축하한다
9. 연수야 어디가
10. 응 심부름 가

1. 만복이 어깨 위에메뚜기가 앉아요
2. 주사위를 준비하고 편을 나눕니다
3. 대추
4. 수박
5. 참외
6. 복숭아
7. 줄넘기
8. 그네
9. 곡식
10. 마을

불러주는 내용을 기억하며 바르게 써 보아요.

4. 아, 재미있구나!

1. 송알송알 은구슬
2. 조롱조롱 옥구슬
3. 대롱대롱 총총
4. 꽃잎마다 송송송
5. 엉금엉금 거북이
6. 깡충깡충 토끼
7. 재잘대며 타박타박
8. 앙감질로 깡충깡충
9. 깔깔대며 배틀배틀
10. 뭉게뭉게 뭉게구름

1. 나폴나폴 노랑나비
2. 신규야 부르면
3. 코부터 발름발름
4. 눈부터 생글생글
5. 대답하지요
6. 둥실둥실 통통배
7. 보슬보슬 보슬비
8. 영차영차
9. 똑딱똑딱
10. 뾰족뾰족

1. 빨강
2. 주황
3. 노랑
4. 초록
5. 파랑
6. 남색
7. 보라
8. 당근
9. 참외
10. 새싹

1. 하늘
2. 바다
3. 딸기
4. 뒤뚱뒤뚱
5. 나는 힘이 세
6. 고슴도치
7. 가시가 많아
8. 개미는 작아
9. 나는 무섭지 않아
10. 타조는 못날아

5 생각을 펼쳐요

1. 숙제
2. 일기책을 찾았다
3. 아버지께 하고 싶은말은 무엇인가요
4. 제자리에 두지않아
5. 찾는게 어려웠다
6. 싫어 싫어
7. 나는 동물원에 갈 거야
8. 귀엽고 깜찍한
9. 토끼 모양이었습니다
10. 나에게 지우개를 빌려 준 적도 있어

1. 저도 토끼 지우개 하나 사주세요
2. 나는 동생에게 이렇게 말하고 싶어
3. 짝과 토끼 놀이도 할 수 있는 걸요
4. 항아리
5. 담고 싶은 물건
6. 세 가지
7. 우리 반
8. 보물이 하나 있습니다
9. 다시 쓰는 보물상자 입니다
10. 색종이를 가져다 썼습니다

1. 또또 상자야 고마워
2. 활짝 웃으며 말했습니다
3. 색종이를 아낄 수 있고
4. 음식먹는 습관
5. 서로 다릅니다
6. 음식을 골고루 먹습니다
7. 내동생은 고기만 좋아합니다
8. 몸이 튼튼해 집니다
9. 건강에 나쁩니다
10. 말하여 봅시다

1. 송이네 가족 나들이
2. 치타처럼
3. 빨리 달릴 수 있다면
4. 무엇을 할 것인지
5. 상상하여 봅시다
6. 곤충 조사 숙제
7. 맑은 공기를 마실 수 있어
8. 착한 어린이 상
9. 수진이는 상을 받을 만해
10. 친구를 잘 도와주기 때문입니다

불러주는 내용을 기억하며 바르게 써 보아요.

6 느낌이 솔솔

1. 옛날 옛적에
2. 신기한 맷돌이 있었다
3. 도둑이 맷돌을 훔쳐갔습니다
4. 동물들이 어떻게 움직이고 있나요
5. 바다에 가라앉은
6. 쉬지 않고 계속 돌았습니다
7. 뽀글뽀글
8. 데굴데굴
9. 폴짝폴짝
10. 개굴개굴

1. 도라지의 어머니
2. 3년 전
3. 병으로 돌아가셨어요
4. 어린 너를 어찌 보낸단 말이냐
5. 나뭇잎을 타고
6. 주르르 내려왔습니다
7. 옛날 어느 마을
8. 박박이
9. 코흘리개
10. 눈첩첩이

1. 따당따당 사냥꾼
2. 하나둘셋넷 소라
3. 뒤뚱뒤뚱
4. 야옹야옹
5. 떡시루
6. 모락모락
7. 김이 올라와요
8. 혼자 먹고 싶습니다
9. 산 아래로 굴러갔습니다
10. 배꼽을 쥐고 깔깔깔
　　 웃었습니다

1. 이슬 열매
2. 이른 아침
3. 꽃잎에 맺힌 이슬
4. 어젯밤 아기별이 뿌려 논 씨앗
5. 햇님이 가져갔나
6. 음매음매 송아지
7. 부르릉부르릉
8. 아무도 살지 않는 섬
9. 여행을 가려고 합니다
10. 세 가지만 가지고 갈 수
　　 있습니다

113

원고지 사용법

제목쓰기
– 맨 첫째 줄은 비우고, 둘째 줄 가운데에 씁니다.

					학	교							

학교, 학년 반, 이름쓰기

• 학교는 제목 다음 줄에 쓰며, 뒤에서 세 칸을 비웁니다.
• 학년과 반은 학교 다음 줄에 쓰며, 뒤에서 세 칸을 비웁니다.
• 이름은 학년, 반 다음 줄에 쓰며, 뒤에서 두 칸을 비웁니다.
• 본문은 이름 밑에 한 줄을 띄운 후 문장이 시작될때는 항상 첫 칸을
  비우고 씁니다.

					학	교						
				행	복	초	등	학	교			
				제	1	학	년		1	반		
							김	하	늘			
	친	구	와		학	교	에		가	요	.	

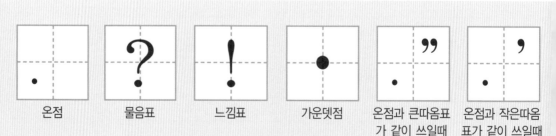

.	?	!	●	" ●	● '
온점	물음표	느낌표	가운뎃점	온점과 큰따옴표 가 같이 쓰일때	온점과 작은따옴 표가 같이 쓰일때

● 아라비아 숫자는 한 칸에 두 자씩 씁니다.

19	98	년		2	월		28	일			

● 문장 부호도 한 칸을 차지합니다.(온점)

	하	였	습	니	다	.					

● 말없음표는 한 칸에 세 개씩 나누어 두 칸에 찍습니다.

	꼭		가		보	고		싶	은	데	…	…	.

● 문장 부호 중 물음표나 느낌표는 그 다음 글을 쓸 때는 한 칸을 비웁니다.
  그러나 온점이나 반점은 그 다음 칸을 비우지 않고 씁니다.

	하	느	님	!		하	느	님	이		정	말		계	실	까	?
	보	람	이	는		궁	금	했	습	니	다	.	누	구	한	테	
물	어	보	아	야		하	나	?		엄	마	한	테		물	어	볼
까	,	아	빠	한	테		물	어	볼	까	?						

큰따옴표

작은따옴표